ISBN 978-3-7026-5837-3

1. Auflage 2012

Heinz Janisch • Helga Bansch

Ich kann alles!

„Ich kann alles!", rief Frenki und rannte
auf einen hohen Strauch zu.
„Zack Bumm", dachte Zack Bumm.
Frenki wollte mit einem lauten Schrei über den
Strauch springen – und landete mittendrin.
Äste knacksten, und es raschelte in den Blättern.
Frenki tauchte zwischen den Zweigen auf und hielt
zufrieden ein buntes Blatt in die Höhe.
„Schon mal so was Schönes gesehen?", fragte er stolz.

Zack Bumm mochte Frenki.
Er war ungeschickt, und man musste sich ständig
Sorgen um ihn machen. Aber er war mutig.
Er traute sich alles zu, und überall entdeckte er
etwas Besonderes.
Seit Zack Bumm als Kind aus dem Nest gefallen war,
konnte er nicht zwitschern, so wie andere Vögel.
Dafür war er der beste Flieger weit und breit. Alle,
die fliegen lernen wollten, kamen gern zu Zack Bumm.

Eines Tages war auch Frenki bei Zack Bumm aufgetaucht.
„Ich will fliegen können. So wie du", sagte er.
„Zack Bumm", sagte Zack Bumm.
Das sollte heißen: „Dachse fliegen nicht!"
Frenki ließ sich nicht beirren.
„Ich kann alles!", rief er und kletterte auf den
nächsten Felsen.
Er winkte Zack Bumm kurz zu, dann ließ er sich fallen.
„Zack Bumm", krächzte Zack Bumm erschrocken.
Man hörte ein lautes „Platsch!"

Zack Bumm öffnete langsam die Augen.
Frenki saß – schwarz wie sein eigener Schatten – in einem
weichen Erdloch, das mit Schlamm gefüllt war.
„Schon mal so was Schönes gesehen?", fragte Frenki
begeistert und zeigte seine tiefschwarzen Pfoten.

Am nächsten Morgen erschien Frenki mit selbst gebauten
Flügeln aus Weidenruten und Gras auf der Wiese.
„Ich kann alles!", rief Frenki. „Heute kann ich fliegen!"
„Zack Bumm!", warnte Zack Bumm.
Aber da fuhr auch schon der Sturm unter die Flügel und
hob Frenki hoch in die Luft.

Er wurde höher und höher getragen, dann ließ
ihn der Sturm fallen.
Frenki landete in einem gemütlichen Nest auf dem
alten steinernen Turm.
„Schon mal so was Schönes gesehen?", fragte Frenki die
erstaunten Adlerjungen und zeigte ihnen seine Flügel.

Es blieb nicht lange bei den Flugversuchen.
Frenki probierte jeden Tag etwas Neues aus.
Einmal saß er mit Zack Bumm am Teich.
Es war schön ruhig am Wasser, und der Wind spielte
leicht mit den Wellen ...
„Ich kann alles!", rief Frenki plötzlich und sauste auf
den Teich zu. „Heute kann ich übers Wasser gehen!"

„Zack Bumm", sagte Zack Bumm leise.
Frenki sprang und – plop! – war er untergegangen.
Zack Bumm starrte unruhig aufs Wasser.
Da tauchte Frenki wieder auf. Er hielt eine glitzernde
Glaskugel zwischen den Zähnen.
„Sch-on mal so-was Schö-nes ge-sehen?", fragte Frenki
und strahlte übers ganze Gesicht.

Eines Morgens kam Frenki, um Zack Bumm zu besuchen,
aber der war nicht da.
„Er wird wohl seinen Morgenflug machen", dachte Frenki
und wartete.
Als Zack Bumm nach zwei Stunden noch immer nicht
zurück war, wurde Frenki unruhig. Er machte sich Sorgen.
Wo war sein Freund geblieben?
Er musste unbedingt Ausschau halten nach ihm.

„Ich kann alles!", rief Frenki und nahm einen langen Anlauf.
Dann sauste er den höchsten Baumstamm hinauf,
der in der Nähe war.
Ganz oben angekommen, schaute Frenki rasch nach
rechts und nach links.
Da flog kein Zack Bumm durch die Luft!
Noch ehe Frenki Halt an einem Ast finden konnte,
rutschte er ab.

Er fiel und fiel – und landete genau auf Carl Gustavs
grasgrünem Sofa mitten auf der Wiese.
„Schon mal so was Schönes gesehen?", fragte Frenki
den verdutzten Carl Gustav und zeigte ihm ein großes
Stück Rinde, das wie ein Herz aussah.
Er erzählte Carl Gustav von seiner Sorge um Zack Bumm.
„Du machst dich am besten gleich auf die Suche",
sagte Carl Gustav.
„Ich hole die anderen. Wir werden Zack Bumm
schon finden!"
Beide liefen los.

Frenki kam zum Fluss.
„Ich kann alles!", rief er und sprang auf
ein Stück Holz, das im Wasser trieb.
Damit würde er schnell weiterkommen!
Aber das Stück Holz war ein brauner Fisch,
der sofort untertauchte.
Frenki fiel ins Wasser und wurde von
der Strömung mitgerissen.

Erst an einer Stelle mit wenig Wasser
kletterte er rasch ans Ufer.
„Schon mal so was Schönes gesehen?",
fragte er die Wildenten und zeigte ihnen
einen leuchtend weißen Stein.

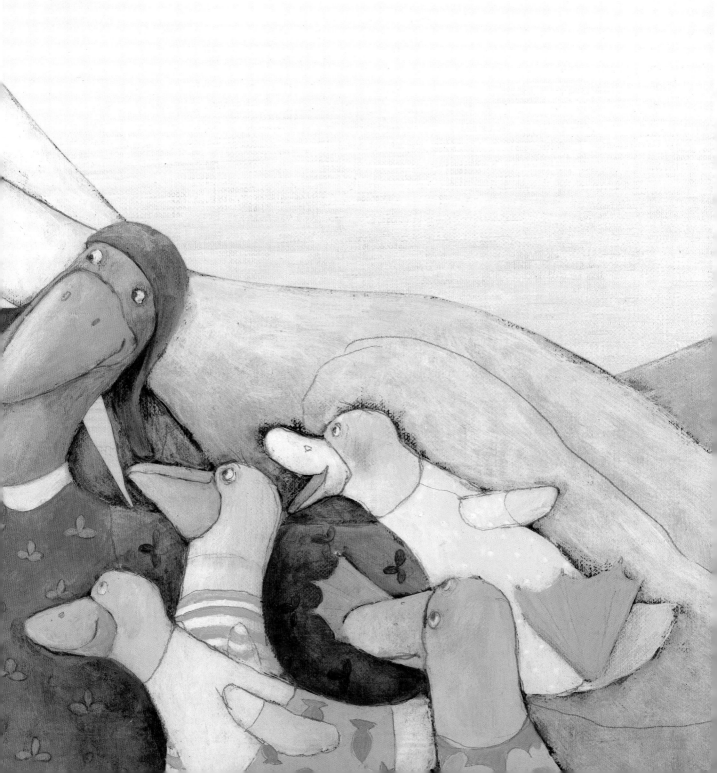

Frenki streifte durch den Wald.
Was war mit Zack Bumm geschehen?
Wo war sein Freund geblieben?
Es musste ihm etwas zugestoßen sein!

„Ich kann alles!", rief Frenki und sprang mit einem
großen Satz über einen umgefallenen Baumstamm.
„Dong!", machte es, und Frenki prallte gegen eine
alte rostige Regentonne, die mitten im Weg stand.

Die Regentonne fiel um – und Zack Bumm rollte heraus.
Er hatte sich bei seinem Morgenflug an einem spitzen Ast
einen Flügel verletzt und war abgestürzt –
genau in die alte Tonne hinein.
„Schon mal so was Schönes gesehen?", fragte Frenki,
als er Zack Bumm sah.
Beide mussten lachen.

Am Abend trafen sich die Freunde beim grasgrünen Sofa.
Carl Gustav hatte Zack Bumms verletzten Flügel verbunden, und alle
waren gekommen, um mit Zack Bumm und Frenki zu feiern.
Carl Gustav öffnete eine Schachtel.
Große und kleine Ballons stiegen in die Luft.
„Ich kann alles!", rief Frenki und hielt sich an einem fest.
Er schwebte über dem Sofa.
„So was Schönes hab ich schon lange nicht mehr gesehen!",
rief Frenki. „Alle meine Freunde auf einem Haufen!"
Der Wind trieb seinen Ballon in die Höhe.
„Hurra! Ich kann fliegen!", rief Frenki plötzlich
und ließ sich fallen.
„Zum Glück sind wir gut im Auffangen",
sagte Carl Gustav vergnügt.
„Zack Bumm", sagte Zack Bumm.